PLANETA AVENTURA

UM LIVRO DE ATIVIDADES DO
EXPLORADOR

Ciranda Cultural

GLOBO ROCHOSO

O planeta Terra é um grande pedaço de rocha e metal que voa pelo espaço ao redor do Sol. Pode parecer sólido sob os seus pés, mas embaixo da crosta rochosa fina existem trilhões de toneladas de rocha derretida e metais incandescentes. Construa este miniglobo com as peças destacáveis e, em seguida, teste seus conhecimentos com as perguntas do quiz.

1

Destaque a peça 1 e dobre ao longo das linhas de dobra. Alinhe cuidadosamente o lado A com a aba A, colando a aba por baixo do lado. Dobre as duas peças do núcleo uma em direção à outra, de modo que formem um ângulo reto e que o resto da peça 1 se dobre naturalmente para formar metade do globo.

2

Destaque a peça 2 e faça vincos ao longo das dobras. Junte a aba B com o lado B e a aba C com o lado C, de modo que as três peças do núcleo formem três faces de uma pirâmide invertida, e cole as abas no lugar.

3

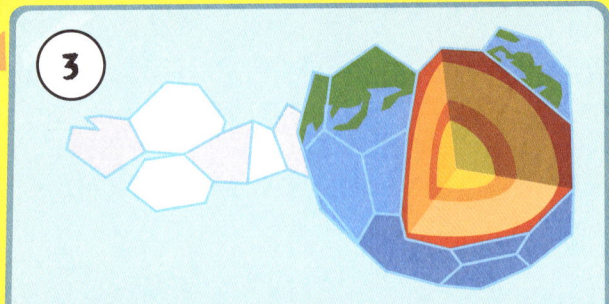

Começando com a peça 1, aplique cuidadosamente um pouco de cola em cada uma das abas brancas restantes. Deve formar um globo facilmente, com as abas deslizando para dentro do globo. Você talvez precise segurar cada uma das abas no lugar por um momento enquanto a cola seca.

4

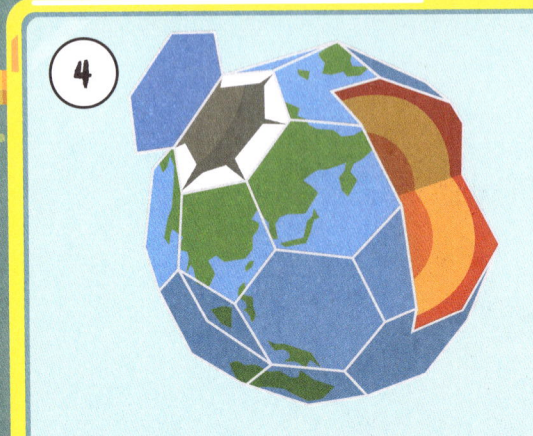

Depois que colar todas as abas da peça 1 no seu respectivo lugar, comece a colar as abas da peça 2 da mesma forma. Você vai achar mais fácil se deixar por último o hexágono com o lobo e o pavão e, em seguida, colá-lo como uma tampa.

5

Destaque as duas peças do suporte. Cole a aba D ao lado D, e a aba E ao lado E. Espere que toda a cola seque (tente responder às perguntas do quiz enquanto espera!), depois coloque o globo no suporte.

2 VERDADEIRO OU FALSO: A lava que escapa de vulcões em erupção vem de dentro do manto.

3 Qual camada da Terra contém os metais derretidos e em movimento que criam o campo magnético da Terra?
A. A crosta
B. O manto
C. O núcleo externo

4 VERDADEIRO OU FALSO: A pressão no centro da Terra é tão intensa que, apesar do calor escaldante, os metais não derretem, mas permanecem completamente sólidos.

1 O manto é formado principalmente de quê?
A. Rocha derretida
B. Metal sólido
C. Dinossauros mortos

5 VERDADEIRO OU FALSO: O núcleo interno tem aproximadamente a mesma temperatura que a superfície do Sol.

Crosta

Manto

Núcleo externo

Núcleo interno

ONDE ESTOU?

O planeta Terra é cruzado por linhas imaginárias chamadas linhas de longitude e latitude. Um explorador sempre deve saber sua longitude e latitude em graus, ou seja, suas coordenadas. Dessa forma, sempre poderá explicar exatamente onde encontrou o tesouro perdido dos povos antigos, antes que ele seja enterrado de novo para toda a eternidade. Com uma bússola, um localizador de latitude prático e um relógio de sol, nenhum explorador deveria se perder nunca mais!

O mundo do campo magnético

O primeiro passo para um explorador não se perder é descobrir onde fica o Norte. A Terra tem um campo magnético centrado nos Polos Norte e Sul. Se você magnetizar uma agulha, ela sempre vai se alinhar com o campo magnético da Terra e apontará para o Norte. Antes de se aventurar pelo oceano, faça uma bússola para ajudar você a navegar.

Você vai precisar de:

- ⊘ agulha
- ⊘ papel encerado
- ⊘ ímã
- ⊘ tampa de plástico
- ⊘ uma bússola para verificar

1

Espete uma agulha através de dois pontos no meio de um círculo de papel encerado.

2

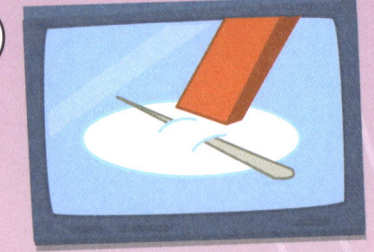

Magnetize a agulha esfregando-a em um ímã de cinquenta a sessenta vezes, sempre na mesma direção e usando a mesma extremidade do ímã.

3

Despeje um pouco de água em uma tampa de plástico rasa. Deixe a água ficar completamente parada, depois coloque sua agulha magnetizada na superfície. Uma extremidade da agulha apontará para o Norte — comprove com outra bússola para saber qual ponta está indicando o Norte.

Localizador de latitude

Procure o localizador de latitude nas suas folhas destacáveis. Você vai precisar sair de casa à noite, em algum lugar seguro onde possa ver as estrelas. Sua bússola também pode ajudar a encontrar os Polos Celestes.

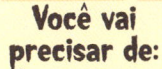

1

Destaque o localizador de longitude. Faça vincos ao longo das dobras e deslize as abas nas ranhuras para fazer um tubo no topo.

2

Amarre uma arruela na extremidade de um pedaço de barbante de trinta centímetros. Amarre a outra extremidade do barbante no furo do localizador de latitude.

3

Saia para onde você consegue ver as estrelas. Encontre o Polo Celeste mais próximo. Olhe através do tubo no topo do localizador de latitude para que você consiga ver o Polo Celeste. Sua latitude é o ângulo mostrado pelo barbante no medidor.

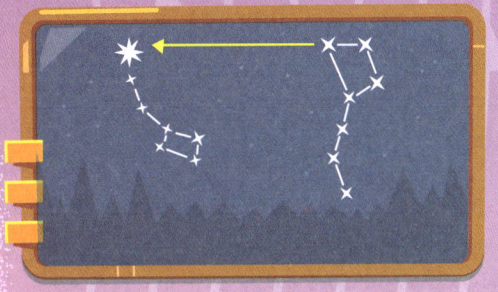

Se você estiver no Hemisfério Norte, precisará encontrar a Estrela Polar, que fica próxima do Polo Celeste Norte. Procure por uma constelação em forma de frigideira chamada Ursa Maior. Siga as duas estrelas na frente da frigideira e você verá outra constelação mais fraca em forma de frigideira (a Ursa Menor). A estrela brilhante na ponta do cabo da Ursa Menor é a Estrela Polar.

Se você estiver no Hemisfério Sul, localize o Polo Celeste Sul encontrando uma constelação chamada Cruzeiro do Sul. Trace uma linha imaginária entre as duas estrelas mais distantes. Imagine estender essa linha quatro vezes e aponte seu localizador de latitude para esse ponto.

Super-relógio de sol

Conforme a Terra gira no transcorrer de um dia, o Sol parece se mover pelo céu. Depois de saber sua latitude e ter uma bússola, você pode usar o relógio de sol destacável para saber as horas.

1 Encontre sua latitude no medidor nas laterais do relógio de sol. Dobre ao longo dessa linha e ao longo da dobra de cada lado do mostrador do relógio.

2 Cole o relógio de sol no papelão para que os cantos dele formem ângulos retos. Se você estiver no Hemisfério Sul, cole o adesivo de sua folha de adesivos.

3 Insira um canudo no furo para fazer o braço do relógio de sol, garantindo que ele se destaque em um ângulo reto com o mostrador do relógio. Coloque seu relógio em algum lugar ensolarado para que esteja virado para o Norte e leia as horas usando a sombra do canudo.

TOTALMENTE TECTÔNICO

A crosta terrestre é como um quebra-cabeça, formada por muitas placas rochosas grandes flutuando sobre magma macio e fervente. As placas não estão fixas no lugar; elas se movem, colidindo-se, esfregando-se e geralmente entrando no caminho umas das outras.

Falhas fantásticas

Os lugares onde as placas tectônicas se encontram são chamados de falhas. Dependendo de como as placas se movem, podem ocorrer diferentes relevos nas linhas de falha. Ligue cada tipo de falha a seu respectivo relevo resultante no mundo real.

Divergente

Quando duas placas oceânicas se afastam uma da outra, o magma quente borbulha no vão para formar novos vulcões submarinos.

Transformante

Quando duas placas deslizam uma contra a outra, elas não se alinham perfeitamente, mas formam uma fenda acidentada. A pressão se acumula entre as bordas irregulares, até que elas se movam súbita e violentamente.

Convergente

Quando duas placas se movem uma contra a outra, uma geralmente é empurrada por baixo da outra, formando uma fossa profunda. A crosta rochosa derrete em magma subterrâneo.

Convergente (continental)

Quando duas placas continentais semelhantes se movem uma em direção à outra, a pressão faz com que a crosta se enrugue em gigantescas cordilheiras montanhosas.

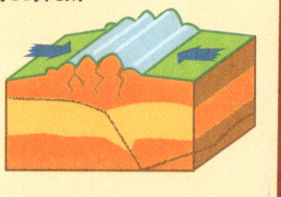

Fossa das Marianas

É a fossa mais profunda dos oceanos. Se o Monte Everest fosse colocado no ponto mais profundo dessa fossa oceânica, o pico da montanha ainda estaria dois quilômetros abaixo da superfície da água.

Uma cordilheira de montanhas, incluindo o Monte Everest, a montanha mais alta da Terra.

Cordilheira do Himalaia

Uma grande crista de vulcões submarinos que se estende desde a costa Sul da Califórnia até o lado Leste da América do Sul.

Dorsal do Pacífico Leste

Após algumas décadas, a linha de falha de San Andreas se move repentinamente, causando um terremoto.

Falha de San Andreas

Quebra-cabeça da Pangeia

A Terra nem sempre teve a aparência atual. As placas tectônicas se movem muito devagar, apenas cerca de três centímetros por ano. Porém, no passar de bilhões de anos, elas podem se mover pelo globo inteiro. Ao longo da história da Terra, houve vários supercontinentes, nos quais toda a terra estava unida em um só bloco. O supercontinente mais recente foi a Pangeia. Quando a Pangeia se separou, os grandes pedaços de terra que se afastaram formaram os continentes atuais. Descubra quais partes da Pangeia se tornaram os principais continentes modernos e pinte-as de acordo com a legenda abaixo.

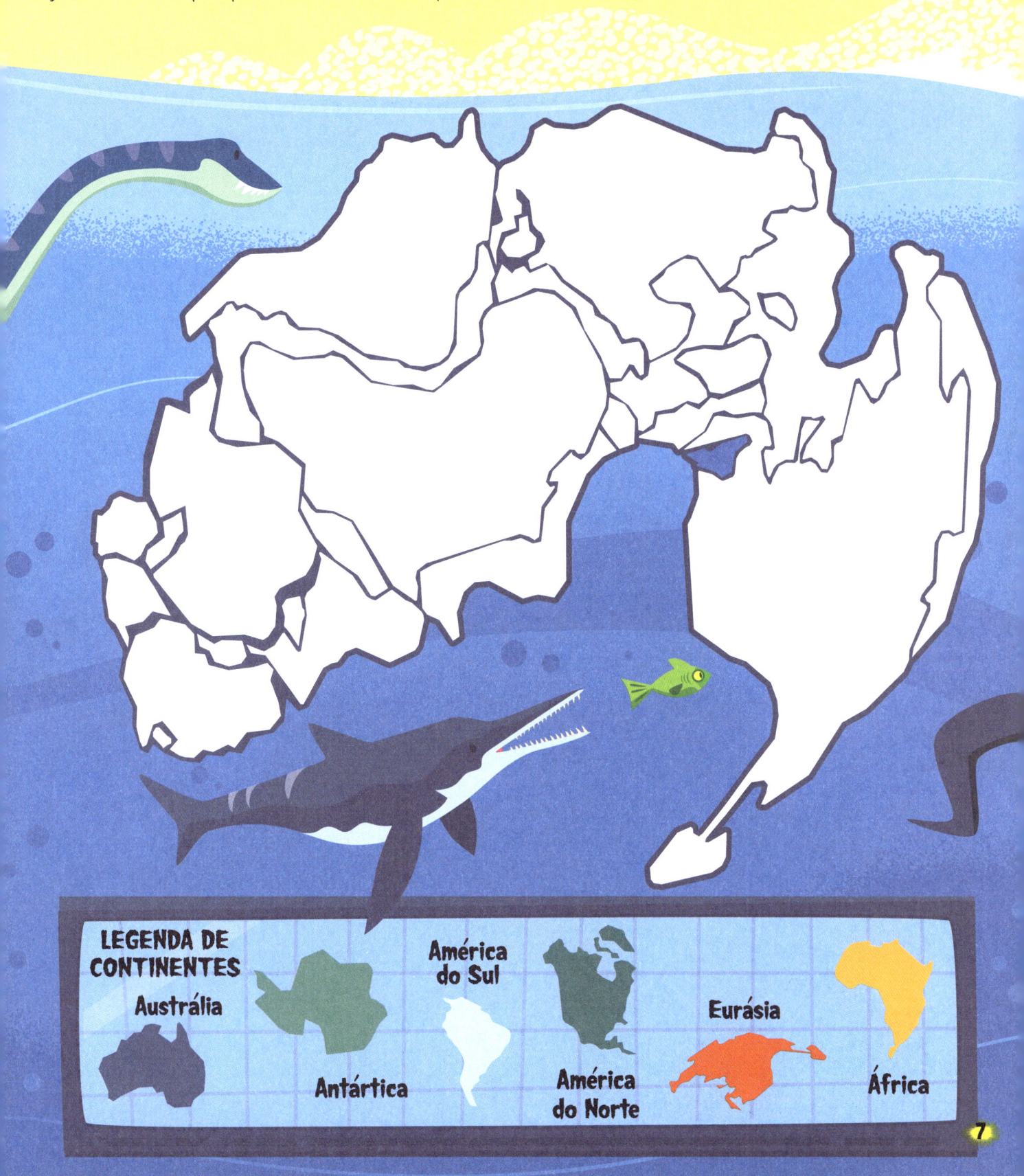

LEGENDA DE CONTINENTES

Austrália

Antártica

América do Sul

América do Norte

Eurásia

África

PÂNICO VULCÂNICO

Vulcões são como icebergs: são frios e flutuam, afundando navios. Espera, não... Eles são maiores por baixo da superfície do que parecem em cima. Provavelmente é aí que as semelhanças com os icebergs terminam. No meio de um vulcão, há um grande canal que vai da superfície da Terra até o magma ardente no manto viscoso e derretido. Quando o vulcão entra em erupção, esse magma transborda, seja como um jato de alta pressão ou vazando lentamente.

Vulcanogramas

As legendas deste vulcão estão embaralhadas numa confusão de lava. Desembaralhe os anagramas para encontrar as legendas corretas para o vulcão na sua folha de adesivos.

NSIEZAN DVMCEU

RETACAR

AVLAB DEOBMA

IDNAMÉHAU CCISRNEÁ

NIMACÉH PIRPLACIN

AGOLA DACRETAR

DAMA LOPEÇA

Vulcão ameno

Explorar vulcões reais requer vários equipamentos especiais, como máscaras de gás, roupas à prova de calor e sismógrafos (monitores de terremotos). Faça uma pequena expedição prática com esta versão menor e menos quente.

Você vai precisar de:

- garrafa plástica de 2 litros
- papelão
- cola PVA
- jornal
- areia
- vinagre branco
- água
- detergente de louça
- corante alimentício vermelho
- bicarbonato de sódio
- funil

1 Primeiro, construa o seu vulcão. Use cola para fixar a base da garrafa plástica de 2 litros no papelão. Faça uma mistura de uma parte de cola para uma parte de água. Amasse pedaços inteiros de jornal em bolinhas e mergulhe-as na mistura de cola. Arranje-as ao redor da garrafa para criar uma forma de vulcão.

2 Rasgue mais jornal em tiras finas. Coloque-as sobre o jornal amassado e, em seguida, pincele a mistura de cola sobre as tiras. Cuide para não cobrir a parte superior da garrafa.

3 Salpique areia sobre o vulcão para dar um aspecto realista, então espere um dia para que a cola seque.

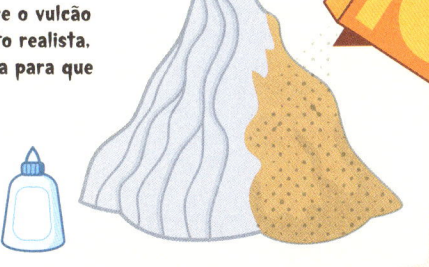

4 Misture 400 mL de vinagre branco, 100 mL de água fria, 10 mL de detergente e um pouco de corante alimentício vermelho. Use um funil para despejar a mistura no vulcão.

5 Misture 2 colheres de sopa de bicarbonato de sódio com um pouco de água para fazer uma pasta líquida.

6 Despeje a mistura de bicarbonato de sódio na garrafa e afaste-se!

PRONTO PARA SACUDIR

Quando as placas tectônicas se movem, suas bordas ásperas e irregulares não deslizam suavemente umas sobre as outras. Elas se mexem em movimentos bruscos e súbitos, propagando o impacto e enviando ondas de choque através da crosta terrestre e do manto viscoso. Os terremotos que essas ondas de choque causam podem ser muito prejudiciais para as cidades construídas no seu entorno. Felizmente, existem maneiras de construir casas e arranha-céus que limitam os danos.

Gelatina vulcânica

Veja quais formas resistem melhor aos diferentes tipos de ondas de choque provocadas por um terremoto com esta incrível e comestível máquina de terremotos.

1 Prepare a gelatina de acordo com as instruções da embalagem. Despeje uma camada de 2 cm de preparo de gelatina em uma bandeja de metal e o restante em um refratário. Aguarde a gelatina endurecer.

2 Construa uma torre inserindo cuidadosamente os palitos de dente nos minimarshmallows. Monte no formato que você quiser!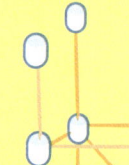

3 As primeiras ondas de um terremoto são chamadas de ondas P (ou ondas primárias). Crie essas ondas colocando seu edifício na bandeja de metal. Peça a alguém para segurar a bandeja e bata nela com movimentos rítmicos, com força, de baixo para cima.

4 Se o seu edifício sobreviver às ondas P, veja se ele sobrevive às ondas de um terremoto que vêm logo em seguida (ondas S ou secundárias). Coloque seu edifício na gelatina no refratário e balance todo o recipiente para a esquerda e para a direita. Se o seu edifício desabar, continue tentando até encontrar uma forma de ele conseguir resistir mesmo ao gelatimoto mais oscilante.

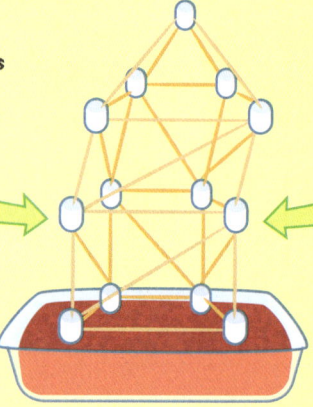

Arranha-céu à prova de abalos

Use o que você aprendeu com o experimento do gelatimoto e crie seu próprio arranha-céu resistente a terremotos.

Inspiração

Engenheiros e arquitetos têm muitas maneiras de ajudar prédios altos a sobreviver a terremotos massivos. Você pode usá-las como inspiração para o desenho do seu arranha-céu.

Pêndulos suspensos gigantes e pesados em cordas grossas de metal ajudam a absorver parte da energia do terremoto.

Anéis subterrâneos circundando os alicerces de um prédio ajudam a redirecionar as ondas sísmicas ao redor do edifício.

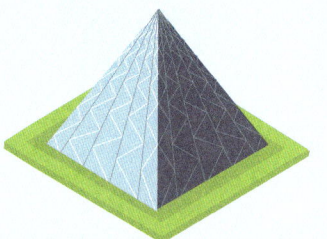

Os antigos egípcios estavam no caminho certo. Edifícios com base larga são mais estáveis e mais resistentes aos movimentos dos terremotos.

Amortecedores feitos de borracha (ou outro material flexível) podem ser mergulhados no solo como parte dos alicerces do prédio. Quando o terremoto ocorre, faz com que a borracha balance em vez do prédio.

DETECTOR DE TERREMOTOS

Este detector de terremotos é baseado em um aparelho inventado na China em 132 d.C. por um astrônomo chamado Zhang Heng. Quando a terra treme, o pêndulo ponderado balança, fazendo com que um ou mais dragões soltem uma bola de gude na boca dos sapos à espera. A direção do terremoto é mostrada pela bola de gude que é solta. Esse dispositivo era útil porque significava que ajuda e suprimentos podiam ser enviados das cidades sem ter que esperar os mensageiros chegarem. Monte este detector de terremotos para que você também esteja pronto para enviar seus exércitos através da antiga China a qualquer momento.

1 Dobre e cole as duas peças laterais para formar uma caixa de quatro lados.

2 Dobre as abas superiores e cole-as para formar uma borda plana. Em seguida, cole as abas da base nos cantos, deixando os cantos o mais quadrados possível.

Você vai precisar de:

- suas folhas destacáveis
- 4 bolas de gude
- 5 moedas
- cola

3 Dobre as mandíbulas dos dragões para que cada uma crie um formato de V. Encaixe e cole as abas dentro das fendas pontudas na caixa. Tente ser bem preciso nesta parte.

4 Cole as dobradiças internas dentro da caixa, uma em cada canto, para que o topo das abas se alinhe com os cantos superiores das mandíbulas dos dragões.

5 Enrole e cole os quatro sapos. Encaixe as bases circulares do lado de dentro, usando cola para fixar as abas dentro dos corpos dos sapos.

6 Dobre as cabeças dos dragões e cole-as. Aponte as franjas das cabeças para o alto.

7 Dobre e cole as abas de cada uma das quatro alavancas, para que os lados das alavancas formem ângulos retos.

8 Cole as abas longas no verso das cabeças dos dragões nas extremidades das alavancas. O lado plano da alavanca deve ficar voltado para a frente.

9 Deslize uma alavanca dentro de um encaixe. A cabeça do dragão deve repousar na parte inferior da mandíbula e a alavanca, na dobradiça interna. Cole a aba da dobradiça à superfície plana da alavanca.

10 Repita o passo 9 para colar todas as quatro cabeças dos dragões no lugar. Coloque os sapos ao redor da base do detector, de modo que as bocas deles fiquem abaixo das cabeças dos dragões (alinhadas com suas mandíbulas inferiores).

11 Dobre em torno da barra transversal para formar um prisma triangular, com as duas abas despontando na parte superior. Não cole as abas. Em seguida, dobre a haste ao meio, ainda sem colar as abas na parte superior e inferior.

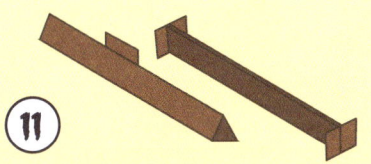

12 Dobre as abas na barra transversal para formar um quadrado plano. Desdobre as abas em uma das extremidades da haste e cole-as nas abas da barra transversal.

13 Prenda bem as cinco moedas usando as tiras. Cole as extremidades das tiras no disco do pêndulo, para que as moedas fiquem apoiadas no disco.

14 Cole as abas na parte inferior da haste às tiras ao redor das moedas.

15 Enfie o pêndulo completo dentro da caixa, deixando a barra transversal repousar diagonalmente na parte superior. Não cole.

16 Coloque o detector de terremotos em um local seguro. Coloque uma bola de gude dentro da boca de cada dragão, de modo que os dentes dos dragões segurem as bolas de gude no lugar.

Cuide para manter os sapos dispostos abaixo das cabeças dos dragões. Em seguida, espere pelo seu terremoto...

DERRETIMENTO GLACIAL

Nos polos Norte e Sul, existem grossas camadas de gelo cobrindo os oceanos. À medida que a temperatura da Terra aumenta, o gelo nos polos continuará a derreter. Quanto mais rápido a Terra esquentar, mais rápido o gelo derreterá. Glup.

Planeta estufa

Dióxido de carbono e outros gases do efeito estufa agem como um cobertor ao redor da Terra, aprisionando o calor do Sol. Com este experimento, veja o que o efeito estufa faz com nossas calotas de gelo.

1 Pegue dois frascos idênticos e encha-os com a mesma quantidade de água. Use um termômetro para verificar se a água está na mesma temperatura em ambos os frascos. Em seguida, adicione sete cubos de gelo em cada um.

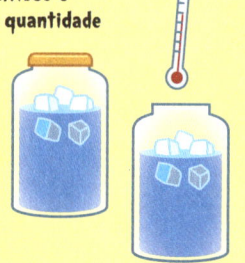

2 Envolva firmemente um dos frascos em muitos sacos plásticos ou filme plástico. Deixe o outro frasco sem o plástico.

3 Coloque ambos os frascos em algum lugar ensolarado e quente. Espere uma hora e, em seguida, abra cada pote e teste a temperatura da água com o termômetro.

O QUE OS PINGUINS USAM NAS RODAS DOS SEUS CARROS?

CALOTAS POLARES!

Poças polares

O Polo Norte é feito de blocos de gelo flutuando no oceano. O Polo Sul tem uma espessa camada de gelo sobre um continente. Qual dos dois faria o nível do mar subir mais se derretesse?

1 Pegue dois recipientes plásticos idênticos. Coloque um pedaço grande e plano de massinha em um e coloque sete cubos de gelo em cima. Adicione água até atingir apenas o nível do topo da massinha. Esse é o Polo Sul.

2 Para o Polo Norte, coloque sete cubos de gelo diretamente no outro recipiente e encha com água até cobrir apenas o gelo.

3 Use um marcador de quadro branco para desenhar uma linha em cada recipiente a fim de mostrar o nível da água no início do experimento. Deixe ambos os recipientes em um local quente e ensolarado. Após uma hora, veja qual nível de água subiu mais.

COMO VOCÊ CHAMA UM URSO-POLAR NO POLO SUL?

PERDIDO!

Planeta subaquático

Há grandes quantidades de água presas em nossas calotas de gelo polares. Use os adesivos para ver como a Terra ficaria se todo esse gelo derretesse amanhã.

NÃO ENTRE EM PÂNICO! Levaria milhares de anos para que toda a água das calotas de gelo derretesse completamente.

ESTAÇÃO CLIMÁTICA

Enfrentar o clima é mais fácil quando você consegue medi-lo. Monitore as condições climáticas com esta megaestação meteorológica. Você pode anotar seus resultados todos os dias para perceber padrões. Você nunca mais vai esquecer seu guarda-chuva.

Anemômetro útil

Este miniaparelho mede a velocidade do vento. Seis voltas das hélices por minuto equivalem a aproximadamente 1 km/h. Portanto, se ele der trinta voltas em um minuto, significa que a velocidade do vento é de cerca de 5 km/h.

1 Use um lápis para fazer quatro furos espaçados de maneira uniforme ao redor da borda de um dos copos de papel. Em seguida, empurre o lápis pelo meio da base do copo para fazer um furo.

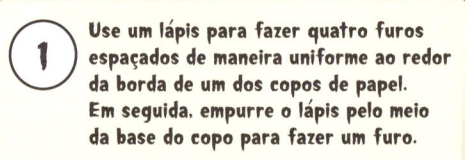

2 Passe os canudos pelos furos, achatando-os levemente onde se cruzam.

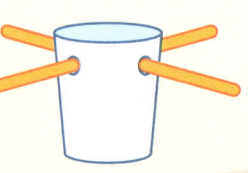

3 Faça um furo em quatro dos copos restantes, aproximadamente no meio das laterais. Do lado oposto de um dos copos, faça uma marca colorida. Isso facilitará o acompanhamento ao contar quantas voltas o seu anemômetro faz em um minuto.

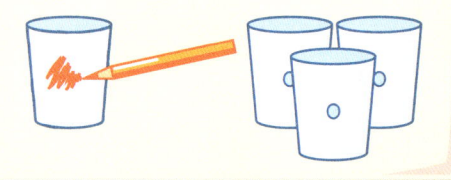

4 Passe os canudos pelos furos nos copos utilizando um pouco de cola PVA para fixá-los.

5 Atravesse o lápis pelo fundo do último copo de papel. Modele a argila em torno da ponta do lápis e pressione-a no prato de papel. Deslize o copo de papel pelo lápis e use fita adesiva para fixá-lo ao prato.

6 Deslize o topo do anemômetro no lápis. Empurre a tachinha para papel cuidadosamente pelos canudos até a borracha do lápis, com firmeza o suficiente para fixar os canudos, mas não tão apertado a ponto de impedir que os copos girem livremente. Coloque seu anemômetro em um local onde o vento sopre e conte quantas voltas ele faz em um minuto.

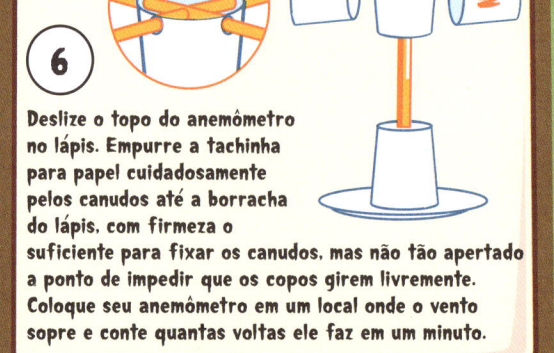

Construa um barômetro

A pressão atmosférica mede o quanto o ar está pressionando as coisas ao seu redor. O ar que empurra sua cabeça costuma pesar aproximadamente o mesmo que um carro pequeno. Às vezes, ele empurra um pouquinho mais forte ou mais leve dependendo do tempo. Este barômetro capta essas pequenas mudanças na pressão atmosférica. Observe como a pressão muda: pressão do ar estável ou que esteja aumentando provavelmente significa que o tempo estará bom. Uma queda súbita na pressão do ar é sinal de chuva ou tempestades.

Você vai precisar de:

- 1 frasco
- balão
- tesoura
- elástico
- canudo
- fita adesiva
- cartolina
- caneta marcadora

1 Corte a parte superior de um balão para obter um círculo de borracha flexível.

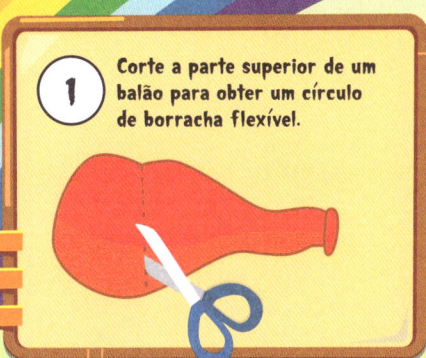

COMO A CHUVA TOMA UMA DECISÃO?

FAZENDO UMA TEMPESTADE DE IDEIAS!

2 Puxe o círculo de borracha sobre a abertura do frasco e prenda-o com um elástico ao redor da borda para que fique bem esticado, como a pele de um tambor.

3 Use um pedaço curto de fita adesiva para fixar o canudo no centro da borracha.

4 Meça linhas em um pedaço alto de cartolina e coloque-o em pé para que a extremidade do canudo toque uma linha. Numere as linhas para acompanhar o movimento do canudo ao longo do tempo.

Catavento rápido

Faça uma seta colando formas triangulares de cartolina em um canudo. Insira um alfinete através do canudo e depois na borracha de um lápis. Você pode criar uma base da mesma maneira que fez para a base do barômetro, mas desenhe setas no prato de papel para indicar Norte, Sul, Leste e Oeste.

Medidor veloz de chuva

Corte a parte superior de uma garrafa plástica. Encha a parte inferior da garrafa com cascalho e use argila para fazer uma camada plana e impermeável sobre o topo do cascalho. Cole a parte superior invertida para formar um funil. A partir do topo do cascalho, faça marcas a cada um centímetro para medir a quantidade de chuva que caiu.

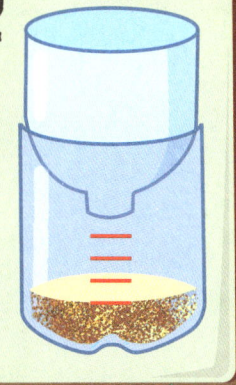

VENTOS VORAZES

O ar que compõe a atmosfera da Terra não fica parado. Correntes de ar sopram, giram e varrem. Quente ou fria, úmida ou seca, essas correntes de ar viajam milhares de quilômetros e podem ter um enorme efeito nos sistemas climáticos locais. Então, da próxima vez que sua viagem de balão de ar quente for interrompida pela chuva, você saberá o motivo.

Belo Beaufort

A escala de Beaufort é usada para medir a velocidade do vento de uma maneira empírica – ou seja, que não requer nenhum equipamento. Cole os adesivos às definições corretas para completar a escala.

0 — Calmaria
Velocidade do vento: menos de 2 km/h. Completamente calmo. A água fica como um espelho. A fumaça sobe perfeitamente na vertical.

2 — Brisa suave
Velocidade do vento: 6 – 11 km/h. Ondulações leves nos mares e lagos, mas sem cristas brancas ou ondas que quebram. É possível sentir uma brisa leve. Pequenas bandeiras serão balançadas.

4 — Brisa moderada
Velocidade do vento: 20 – 28 km/h. Pequenas cristas brancas visíveis no mar. Papel solto e folhas caídas podem ser soprados pelo vento. Ramos finos em árvores podem se curvar.

6 — Brisa forte
Velocidade do vento: 39 – 49 km/h. Ondas se formam, com muitas cristas brancas e um pouco de borrifo de água. Grandes galhos se movem ao vento. Torna-se difícil usar guarda-chuvas.

8 — Vendaval
Velocidade do vento: 62 – 74 km/h. Formam-se ondas grandes com muito borrifo de água. Em terra, árvores inteiras se movem ao vento e pode ser difícil caminhar contra o fluxo de ar.

10 — Tempestade
Velocidade do vento: 89 – 102 km/h. O mar é coberto por faixas de espuma branca. Árvores podem ser arrancadas e construções, danificadas.

12 — Força de furacão
Velocidade do vento: acima de 118 km/h. Devastação completa e absoluta.

Criando um furacão

Cole os adesivos para mostrar como os furacões se formam. Em seguida, vá e mostre seus conhecimentos sobre furacões para todos os seus amigos e familiares – eles vão ficar abalados.

1 Os furacões precisam de ar quente e água quente para se formar, então geralmente se formam entre as duas linhas tropicais (Trópico de Câncer e Trópico de Capricórnio), de cada lado do Equador.

2 O ar quente aquece a água na superfície do mar. A água evapora e sobe até alcançar uma camada de ar mais fria na atmosfera, onde condensa para se transformar em uma nuvem.

3 Conforme o ar quente e úmido sobe, mais ar é puxado de regiões próximas para substituí-lo. À medida que esse ar aquece, também sobe, carregando mais vapor de água. Esse ar quente e úmido alimenta as nuvens, fazendo com que elas cresçam cada vez mais.

4 À medida que as nuvens sobem mais, a pressão atmosférica elevada achata o topo das nuvens, empurrando-as para os lados. Conforme a área coberta pelas nuvens aumenta, mais e mais ar é puxado para dentro delas. Devido à rotação da Terra, as correntes de ar começam a girar.

5 Os ventos giratórios ficam cada vez mais rápidos à medida que se voltam para o centro. Quando os ventos atingem velocidades de 120 km/h, a tempestade é classificada como furacão. O centro de um furacão é um "olho" calmo e sem nuvens.

6 O furacão continua a crescer e acelerar contanto que haja muito ar quente e úmido para alimentá-lo. Quando um furacão atinge a terra, ele fica sem "combustível" e começa a diminuir e se desfazer, embora ainda possa causar muitos danos antes de diminuir a velocidade.

CLIMA ESTRANHO

Há muito mais no clima do que sol, neve e chuva. O planeta Terra é lar de alguns climas realmente estranhos. Os exploradores devem estar preparados para encontrar todo tipo de condições climáticas em suas expedições. Mas também devem ser capazes de distinguir os fatos das histórias inventadas... Você consegue adivinhar quais desses fenômenos climáticos estranhos realmente acontecem e quais são completamente inventados?

C

O céu virou mar
Esse fenômeno climático dá um significado completamente diferente à expressão "mar de chuva".

A

Chuva vermelha
Também conhecida como "chuva de sangue", é uma chuva avermelhada que cai do céu.

B

Chover canivetes
Chuva muito forte. Cuidado! Não pise numa poça.

D

Neve de melancia
Um tipo de alga vermelha cresce na neve, tornando-a cor-de-rosa como a melancia, uma tonalidade que se intensifica quando a neve é comprimida.

E

Neve de cabeça para baixo
A neve "cai" do chão para cima, em direção às nuvens.

F

Flores de gelo
Em águas calmas e geladas, "flores" cristalinas crescem na superfície do gelo vítreo.

G
Ventania de orca
Um redemoinho no mar gira, descontrolado, e sobe para o céu, levantando orcas e disparando-as em alta velocidade em direção a navios e aviões.

H
Redemoinho de fogo
À medida que o ar quente se eleva de um grande incêndio, mais ar é sugado da área circundante para substituí-lo, formando um redemoinho que puxa chamas a até 1 km de altura no céu.

I
Fogo de Santo Elmo
Em campos elétricos fortes, como aqueles criados em uma tempestade, uma luz azul cintilante às vezes aparece ao redor do topo dos navios e do nariz cónico de aviões.

J
Chuva de fogo
Bolhas de gás presas em gotas de chuva pegam fogo, resultando em uma chuva de fogo.

K
Bola de relâmpago
Uma esfera elétrica brilhante que flutua no céu. Ninguém sabe exatamente o que faz com que ela apareça...

HISTÓRIA DA VIDA

Levou bilhões de anos para a vida na Terra evoluir até chegar aos seres vivos de hoje. Se a história da Terra até hoje tivesse acontecido ao longo de 24 horas, os humanos chegariam apenas nos últimos dois minutos antes da meia-noite. Use seus adesivos para adicionar os animais aos fósseis e esqueletos para mostrar como era a vida ao longo da história da Terra.

*Ma = milhões de anos atrás

O QUE VEIO DEPOIS DO DINOSSAURO?

A CAUDA DO DINOSSAURO.

ERA CENOZOICA

ERA MESO

Quaternário – 2 Ma*
Finalmente, após milhões de anos de evolução, os humanos aparecem pela primeira vez. Os primeiros humanos compartilharam o globo com outros hominídeos, como os Neandertais, mas agora existe apenas uma espécie restante: o *Homo sapiens*.

Neogeno – 23 – 2 Ma*
Durante o período Neogeno, a Terra se tornou uma grande bola de neve e gelo. Para sobreviver, na Era do Gelo, os animais precisavam de grandes coberturas de pelos ou lã.

Paleogeno – 66 – 23 Ma*
Sem os dinossauros vagando e comendo tudo em seu caminho, os mamíferos tomaram o centro do palco. Os ancestrais dos animais modernos, como ursos e macacos, tornaram-se muito mais parecidos com como são hoje. Ainda havia muitos répteis menores por aí também.

Cretáceo – 145 – 66 Ma*
Os dinossauros continuavam habitando a Terra durante o período Cretáceo. Este foi o período do enorme T-rex, um gigante caçador carnívoro. No final do período Cretáceo, no entanto, quase todos os dinossauros foram extintos em outra extinção em massa.

Jurássico – 201 – 145 Ma*
Os dinossauros estavam por toda parte — nos mares, céus e na terra, comendo plantas, uns aos outros e qualquer outra coisa que pudessem capturar com suas garras.

ERA PALEOZOICA

Triássico – 252 – 201 Ma*

Após o grande evento de extinção no final do período Permiano, répteis gigantes evoluíram para preencher a lacuna. Foi quando os primeiros dinossauros andaram, pisaram e voaram sobre a Terra.

Permiano – 298 – 252 Ma*

Tudo ficou maior no período Permiano. Árvores cresciam até alcançar trinta metros de altura. Alguns anfíbios evoluíram para grandes répteis, como o Proterossuco, e protomamíferos, como o Dimetrodonte, com uma crista nas costas. Então, aconteceu um grande evento de extinção e exterminou muitas vidas. Ugh.

Carbonífero – 358 – 298 Ma*

Agora que a vida animal tinha chegado à Terra, os animais estavam se divertindo muito (exceto as baleias, que ainda demorariam mais 300 milhões de anos para evoluir). As primeiras aranhas chegaram à cena, junto com libélulas enormes com envergadura de mais de 75 cm.

Devoniano – 419 – 358 Ma*

No período Devoniano, conhecido como a era dos peixes, os mares ficaram um pouco lotados. Alguns desses peixes migraram para os pântanos e evoluíram para anfíbios como o Ichthyostega. Esses anfíbios são os ancestrais de todos os vertebrados terrestres (animais com espinhas dorsais). Então, sua tatatatatatatataravó (continue os "tata" por mais dez minutos) era uma salamandra.

Siluriano – 443 – 419 Ma*

Os mares ficaram mais movimentados. Peixes ganharam mandíbulas, então puderam se alimentar uns dos outros. Escorpiões-do-mar do tamanho de um adulto humano começaram a se arrastar por aí, injetando veneno nas coisas. Em terra, as primeiras plantas com caules evoluíram. Isso foi bem importante.

Ordoviciano – 485 – 443 Ma*

Foi quando os primeiros peixes de verdade chegaram. Eles demorariam mais alguns milhões de anos para evoluírem até ganhar mandíbulas, então se alimentavam sugando água e espremendo-a através de suas guelras para capturar detritos deliciosos.

Cambriano – 541 – 485 Ma*

Após bilhões de anos sem fazer muita coisa, os organismos unicelulares começaram a evoluir em pequenos bichos de conchas duras que se arrastavam e nadavam ao longo do leito do mar.

Pré-cambriano – 4,6 bilhões de anos – 541 Ma*

Por quase 90% da história da Terra, não aconteceu muita coisa. Não havia nada vivo, exceto organismos unicelulares como as bactérias. Era tudo muito chato.

PEIXE GRANDE, PEIXE PEQUENO

O planeta Terra é o lar de bilhões de criaturas incríveis, fascinantes e maravilhosas, que passam a maior parte do tempo comendo umas às outras ou procurando alimentos. Chomp, chomp, chomp.

Cadeia alimentar aquática

Cadeias alimentares mostram quais animais comem quais. Use as folhas destacáveis para fazer um modelo de cadeia alimentar. Em seguida, desenhe linhas para fazer correspondência entre as legendas e as partes da cadeia alimentar abaixo. Nhac! Faça isso agora mesmo!

1 Com cuidado, desdobre um clipe de papel para que ele forme uma linha reta com um pequeno gancho em cada extremidade. Peça ajuda a um adulto se precisar.

2 Coloque um dos ganchinhos na curva do pregador de roupa e dobre-o para que se encaixe perfeitamente. Enrole a língua do tubarão sobre a extremidade do clipe de papel e cole-a no lugar.

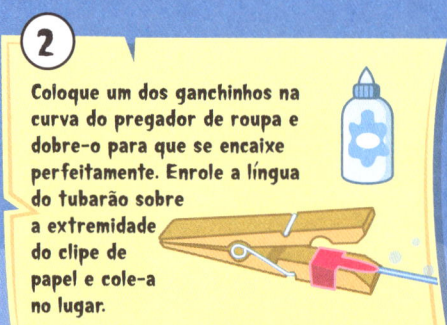

Você vai precisar de:

- ⊘ suas folhas destacáveis
- ⊘ clipe de papel
- ⊘ pregador de roupa
- ⊘ cola PVA

3 Espalhe cola na parte de trás de cada parte do tubarão. Cole a parte superior em uma extremidade do pregador de roupa e a base na outra extremidade.

4 Destaque as algas marinhas e os peixes pequenos. Passe cola na parte de trás de cada um, depois os junte de cada lado do clipe de papel para completar sua cadeia alimentar.

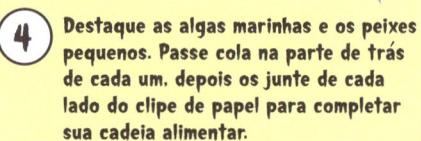

A **B** **C**

1 **Produtor**
Plantas, algas marinhas e alguns micro-organismos minúsculos convertem a luz solar em açúcar (um processo chamado FOTOSSÍNTESE, se você quiser parecer inteligente).

2 **Consumidor secundário / Predador principal**
Esses são os animais que comem os animais que comem plantas. O predador no topo da cadeia alimentar é chamado de predador principal.

3 **Consumidor primário**
Esses animais comem plantas. Eles precisam ter cuidado, ou podem facilmente se tornar presas de consumidores secundários.

Teias alimentares selvagens

A maioria dos animais come mais de uma coisa. Você pode demonstrar esse fato criando uma teia alimentar, na qual você desenha setas para mostrar quais plantas e animais são comidos por quais outros animais. Algumas das setas já foram adicionadas a esta teia alimentar. Você consegue adicionar o restante?

VERDADES TROPICAIS

O Planeta Terra possui uma variedade de habitats diferentes, desde desertos secos e quentes até calotas de gelo polares e gigantescas florestas tropicais sufocantes. Essas florestas tropicais são as que guardam a maior diversidade de seres vivos dentre todos os habitats na Terra. Vale bem a pena uma expedição. Teste seus conhecimentos com as perguntas rápidas deste quiz.

1
Quanto tempo leva para uma gota de chuva cair através da camada densa da copa de uma árvore até o chão da floresta?
A. 10 segundos
B. 10 minutos
C. 10 dias

2
VERDADEIRO OU FALSO:
Algumas das florestas tropicais mais antigas do mundo existem desde que os dinossauros habitavam a Terra.

3
VERDADEIRO OU FALSO:
Uma única rã-dardo-venenosa possui veneno suficiente para matar cerca de cem pessoas.

4
Qual fração dos ingredientes dos medicamentos modernos vem das plantas das florestas tropicais?
A. $\frac{1}{100}$ B. $\frac{1}{10}$ C. $\frac{1}{4}$

5
VERDADEIRO OU FALSO:
Mais da metade dos animais terrestres da Terra vive em florestas tropicais.

6 A borboleta-rainha-alexandra é a maior do mundo. Qual é a envergadura de suas asas?
A. 15 cm
B. 20 cm
C. 25 cm

7 VERDADEIRO OU FALSO:
Os macacos-uivadores da América do Sul podem ser ouvidos a quase 2 km de distância.

8 Qual dos seguintes alimentos NÃO vem das florestas tropicais?
A. Chocolate
B. Bananas
C. Batatas fritas
D. Nozes

9 Qual porcentagem de luz solar que brilha sobre a floresta tropical atinge o chão da floresta?
A. 10%
B. 5%
C. 2%

Camada emergente

As árvores mais altas da floresta tropical se elevam através das copas densas, criando moradias para borboletas, falcões e pequenos macacos ágeis.

Copa

A densa teia de galhos que forma a copa das árvores é o lar da maioria dos animais que habita a floresta tropical.

Sub-bosque

Sob a cobertura da copa, o sub-bosque é quente, escuro e úmido. Sapos-arborícolas e insetos vivem em poças nos galhos das árvores.

Chão da floresta

É aqui que habitam os grandes felinos e outros animais de grande porte. Boa parte do solo da floresta está coberta por plantas apodrecidas que são decompostas por insetos e cogumelos para que possam ser usadas como alimento para outras árvores.

DESMATAMENTO DEVASTADOR

Os humanos cortam ou queimam as florestas tropicais para usar a madeira ou para liberar espaço para megafazendas gigantes. Quando as florestas tropicais são derrubadas, isso destrói os lares dos animais, às vezes forçando-os à extinção. Plantas raras podem desaparecer para sempre. Além disso, o dano afeta profundamente o solo. Faça este experimento para ver como isso acontece. Você precisa começar a se preparar com uma semana de antecedência.

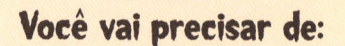

Você vai precisar de:

- 3 garrafas plásticas grandes
- tesoura
- material de compostagem ou terra
- sementes de grama
- folhas secas
- grama e galhos secos
- 3 copos plásticos
- barbante
- água

1 Pegue três garrafas plásticas iguais. Desenhe um retângulo grande em um lado de cada garrafa e recorte-o (peça ajuda a um adulto).

2 Vire uma das garrafas de lado e encha-a com uma camada de terra. Regue um pouco para deixar a terra úmida, mas não molhada demais.

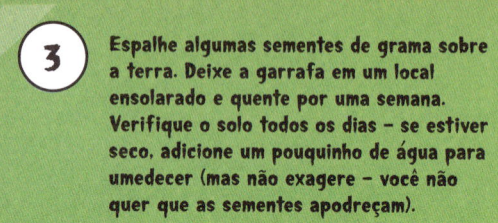

3 Espalhe algumas sementes de grama sobre a terra. Deixe a garrafa em um local ensolarado e quente por uma semana. Verifique o solo todos os dias – se estiver seco, adicione um pouquinho de água para umedecer (mas não exagere – você não quer que as sementes apodreçam).

4 Quando a grama crescer, você pode encher suas outras duas garrafas. Adicione uma camada de terra em ambas as garrafas. Em seguida, adicione uma camada de folhas secas sobre a terra em uma das garrafas. Deixe o solo da outra garrafa nu.

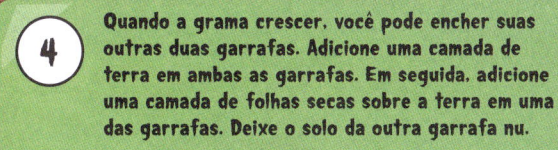

5 Faça furinhos em cada um dos copos plásticos. Passe um pedaço de barbante pelos furos em cada copo para fazer três baldinhos. Tire as tampas das garrafas e pendure os baldes nos gargalos das garrafas. Incline as garrafas levemente, para que as bocas fiquem inclinadas para baixo. Despeje lentamente a mesma quantidade de água em cada garrafa e observe o que acontece.

O que está acontecendo?

A água que sai da garrafa com grama deve estar muito mais limpa do que as outras duas. Também pode acontecer de sair bem menos água.

As raízes da grama formam uma densa rede que mantém todo o solo no lugar. Sem as raízes, o solo pode ser facilmente levado pela água. Quando isso acontece em terras que antes eram floresta tropical, o solo é arrastado para rios e para o mar, onde pode ser prejudicial para peixes e para a vida selvagem, ou pode bloquear rios e riachos, causando grandes inundações. As raízes também absorvem grande parte da água, que sobe pela grama e evapora para o céu. Em uma escala gigantesca nas florestas tropicais, essa água evaporada forma nuvens de chuva, o que ajuda a prevenir secas em todo o mundo.

Fatos sobre o desmatamento

Um desses fatos sobre o desmatamento é falso. Os demais são verdadeiros. Você consegue identificar qual é mentira e quais são verdades?

5 Se o desmatamento continuar no mesmo ritmo que está ocorrendo agora, não haverá mais florestas tropicais em cem anos.

4 São cortadas 15 bilhões de árvores todos os anos.

3 Quase cem espécies diferentes de sapos e rãs foram extintas nos últimos cinquenta anos, principalmente devido à perda de habitat.

2 A cada segundo, uma área de floresta do tamanho de um campo de futebol é perdida.

1 Você pode ajudar a evitar o desmatamento optando por comprar coisas como papel, chocolate e chá que possuam logotipos indicando que foram cultivados de forma sustentável.

GIROS PERIGOSOS

Os oceanos estão repletos de correntes – fluxos espiralados de água impulsionados pelo vento, pela gravidade e pela rotação da Terra. Se os objetos plásticos não forem reciclados, podem ser levados para o oceano pelo vento ou arrastados pelos rios para o mar. Esse plástico é transportado pelas correntes para o centro desses redemoinhos, onde se aglomera em enormes ilhas lamacentas chamadas giros oceânicos.

Você consegue encontrar?

- ⏱ 10 escovas de dentes
- ⏱ 15 garrafas de água
- ⏱ 5 mamadeiras
- ⏱ 5 copos de café
- ⏱ 6 telefones celulares
- ⏱ 15 sacolas plásticas
- ⏱ 10 canudos

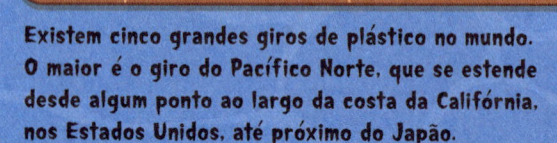

Existem cinco grandes giros de plástico no mundo. O maior é o giro do Pacífico Norte, que se estende desde algum ponto ao largo da costa da Califórnia, nos Estados Unidos, até próximo do Japão.

Limpeza mecânica

Alguns cientistas e engenheiros tiveram ideias para tentar limpar os giros oceânicos. Muitos dos objetos plásticos têm o mesmo tamanho dos animais marinhos, então as máquinas precisam ser projetadas para que os animais não fiquem presos. Idealmente falando, as máquinas seriam alimentadas por energia das marés ou energia solar, para não dependerem de combustíveis fósseis. Você consegue projetar uma máquina que possa ser usada para limpar os oceanos?

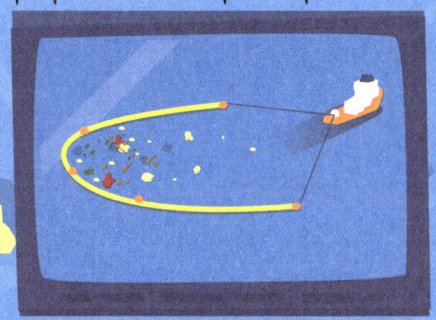 

Uma ideia testada foi um grande laço que era arrastado sobre a superfície da água por um navio, recolhendo o plástico, mas permitindo que peixes e outros animais nadassem por baixo dele.

Outra ideia é uma lixeira que fica logo abaixo da superfície do mar, sugando água com uma bomba. Os peixes nadam para longe da corrente da bomba, enquanto o plástico é sugado para dentro dela.

Evite o plástico

A melhor maneira de manter os oceanos limpos é reduzir a quantidade de plástico que usamos. Aqui estão alguns truques simples para ajudar a salvar os oceanos.

Sacolas plásticas são um problema bem grande, porque focas e golfinhos as confundem com águas-vivas, tentam comê-las e se sufocam. Lembre-se de levar uma sacola reutilizável quando for fazer compras.

 Troque as escovas de dentes feitas de plástico por escovas feitas de bambu ou outros materiais sustentáveis.

Troque os canudos de plástico por canudos de papel, metal ou até mesmo por tubos finos de macarrão! Ou simplesmente deixe de usá-los.

A maioria dos plásticos nos oceanos são "microplásticos" — fragmentos minúsculos (menores que cinco milímetros) que formam um sopão na água. Evite sabonetes líquidos com microesferas de plástico que são levadas para o mar.

Se você comprar plásticos de uso único, recicle-os.

   Recolha lixo sempre que o encontrar. Se você mora perto do mar, participe da limpeza das praias.

Envie cartas para empresas ou para o governo local para garantir que estejam fazendo tudo o que podem para proteger os mares.

RESPOSTAS

Páginas 2 – 3: Globo rochoso

1. A: 2. Verdadeiro: 3. C: 4. Verdadeiro: 5. Verdadeiro – ambos têm em torno de 5.000°C.

Páginas 6 – 7: Totalmente tectônico

Falhas fantásticas

Divergente – Dorsal do Pacífico Leste
Transformante – Falha de San Andreas
Convergente – Fossa das Marianas
Convergente (continental) – Cordilheira do Himalaia

QUEBRA-CABEÇA DA PANGEIA

Páginas 8 – 9: Pânico vulcânico

NSIEZAN DVMCEU – NUVEM DE CINZAS
RETACAR – CRATERA
AVLAB DEOBMA – BOMBA DE LAVA
IDNAMÉHAU CCISRNEÁ – CHAMINÉ SECUNDÁRIA
NIMACÉH PIRPLACIN – CHAMINÉ PRINCIPAL
DAMA LOPEÇA – POÇA DE LAMA
AGOLA DACRETAR – LAGO DA CRATERA

Páginas 14 – 15: Derretimento glacial

Páginas 18 – 19: Ventos vorazes

BELO BEAUFORT   CRIANDO UM FURACÃO

Páginas 20 – 21: Clima estranho

A. Verdadeiro: a cor vem de um tipo de alga: B. Falso:
C. Verdadeiro: D. Verdadeiro. Algumas pessoas até dizem que cheira um pouco a melancia! E. Falso: F. Verdadeiro:
G. Falso, felizmente: H. Verdadeiro: I. Verdadeiro: J. Falso:
K. Verdadeiro.

Páginas 22 – 23: História da vida

Páginas 24 – 25: Peixe grande, peixe pequeno

CADEIA ALIMENTAR AQUÁTICA
A – 2, B – 3, C – 1.

TEIAS ALIMENTARES SELVAGENS

Páginas 26 – 27: Verdades tropicais

1. B.
2. Verdadeiro: algumas das florestas tropicais mais antigas têm mais de 100 milhões de anos. e os dinossauros morreram há apenas 65 milhões de anos.
3. Verdadeiro. Então. se alguém te oferecer uma fatia de torta de rã-dardo-venenosa. provavelmente é uma boa ideia recusar.
4. C.
5. Verdadeiro.
6. C.
7. Falso: Eles podem ser ouvidos a impressionantes 5 km de distância!
8. D. É isso mesmo. você ainda tem que agradecer às florestas tropicais pelas suas batatas fritas.
9. C. É bem escuro lá embaixo.

Páginas 28 – 29: Desmatamento devastador

3 é falso. Quase duzentas espécies de rãs e sapos foram extintas. Uma razão ainda maior para não comer aquela torta de rã-dardo-venenosa.

Páginas 30 – 31: Giros perigosos

SUPER-RELÓGIO DE SOL

Página 5   Relógio de sol do Hemisfério Sul

PLANETA SUBAQUÁTICO

Página 15

VULCANOGRAMAS Página 8

NUVEM DE CINZAS
Esta nuvem de cinzas, gás e fragmentos rochosos pode viajar por centenas ou até milhares de quilómetros.

CRATERA
O grande buraco por onde o vulcão entra em erupção. Muita lava incandescente e fumaça ondulante. Não tem como errar. sério.

CHAMINÉ SECUNDÁRIA
Este é um ramo da chaminé principal que leva a um buraco menor do lado do vulcão.

POÇA DE LAMA
Gás que vaza de áreas subterrâneas e borbulha e emerge dessas poças lamacentas que cheiram a ovos podres.

BOMBA DE LAVA
Um pedaço de rocha lançado como um míssil por uma erupção explosiva. BUM.

LAGO DA CRATERA
A boca dos vulcões antigos pode se encher de água da chuva para formar novos lagos.

CHAMINÉ PRINCIPAL
O magma sobe por este tubo quando o vulcão entra em erupção.

VENTOS VORAZES Páginas 18 – 19

HISTÓRIA DA VIDA
Páginas 22 – 23

SUPER-RELÓGIO DE SOL Páginas 4 – 5

LOCALIZADOR DE LATITUDE

Páginas 4 – 5

BARRA TRANSVERSAL

HASTE

DETECTOR DE TERREMOTOS

Páginas 12 – 13

CAIXA

PÊNDULO

CAIXA

PARTES SUPERIORES DO TUBARÃO

CADEIA ALIMENTAR AQUÁTICA

Páginas 24 – 25

TIRAS DAS MOEDAS

BASES DO TUBARÃO

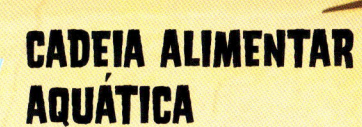

DETECTOR DE TERREMOTOS
Páginas 12 – 13

BASES
DO SAPO

CABEÇAS
DE DRAGÃO

ALAVANCAS

CADEIA ALIMENTAR
AQUÁTICA
Páginas 24 – 25

PEIXE
PEQUENO

ALGA-MARINHA

LÍNGUA DE
TUBARÃO

DETECTOR DE TERREMOTOS
Páginas 12 – 13

MANDÍBULAS INFERIORES DO DRAGÃO

ALAVANCAS INTERNAS

SAPOS

GLOBO ROCHOSO

Páginas 2 – 3

PEÇA 1

GLOBO ROCHOSO

PEÇA 2

LADO B

ABA C